Валерий ПЕТРОЧЕНКОВ

ОСЕНЬ ВЕКА

ВАЛЕРИЙ ПЕТРОЧЕНКОВ

ОСЕНЬ ВЕКА

СТИХИ РАЗНЫХ ЛЕТ

EFFECT PUBLISHING
New York

Library of Congress Catalog Card Number

82-084747

ISBN   0 - 911971- 00 - 9

Стихотворения на страницах 13, 53, 54, 72, 73, 78, 79, 111, 122, 142   печатались в журнале „Континент".

Художник : Лев ЛОМИНАГО

Составитель: Наталья ЛОМИНАГО

Printed in USA

EFFECT PUBLISHING Inc., 501 Fifth Ave, NYC, NY 10017

Когда не в силах разрешить
от века проклятых вопросов,
бери, как Александр, посох
и в поле — листья ворошить!

Пока Россия Кузмича
благоговейно отпевает,
он рубит трудности с плеча
и свой характер отливает.

Властитель слабый, но ему
пристало слабостью томиться:
свинцовый ужас очевидца
покоя не давал уму.

Что спорить с мамками, что слуг
тревожить мелкою капризой,
когда, как на вертел, нанизан —
полупозор, полуиспуг.

Что стоит лысина юнца,
который взбучки ждет за шалость?!
Как деятельно отдышалась
в пустом рассеяньи ленца.

Когда как медленной струной
невыразимыя печали
с тем, что в конце, то, что в начале,
слилось над каторжной страной.

Но все оставленное там,
полуживет, как засыпает.
И осень века по пятам
идет и листья осыпает.

КРУГОВОРОТ

1.

Листа багровая изнанка
на остывающей реке
свежа, как ножевая ранка
на верноподданой руке.

И, обретающая почерк
в глухих глубинах немоты,
душа — еле заметный очерк,
в котором проступаешь ты.

Нет ни подобья, ни замены
тебе. И падают в года,
как в пропасть: нежности, измены
и покаяний холода.

2.

Наклонная августа плоскость,
куда ты меня занесла
под неугомонные всплески
тугого, как тело, весла?!

Не стал я ни крепче, ни выше;
опять говорю невпопад —
но выжил, но выждал, но вышел
в окутанный холодом сад.

Как тихо. Как рано. Как ранен
печалью несмелый рассвет.
Как путь мироздания странен,
и жизни таинственен свет.

Какой благодатной отсрочкой
от всяческих страшных расплат
возник стихотворною строчкой,
застывший на выдохе сад.

Там, в центре судеб и сцеплений,
темней, чем забытая речь,
природа — единственный гений,
сумевший бессмертье сберечь.

3.

Поклонимся осени в ноги,
посмотрим без гнева окрест,
не будем, как пасынки строги,
вступая в светящийся лес.

Пройдем по полям спозаранок,
пока еще дышит покой,
и вздрогнет душа, как подранок,
над белой, в туманах рекой.

Послушные тайной причуде,
не мучаясь и не кляня,
застынем, как дети, при чуде
явления нового дня.

Казалось, какое нам дело,
что крохи одежды кроша,
лесов обнаженное тело
вселенская греет душа.

Но вечно пребудет примером
смиренья, без поз и словес,
вот этот очерченный мелом
тумана, бестрепетный лес.

4.

Какие еще обещанья —
посулы нездешних красот —
природе грозит обнищанье
и страшные кары с высот.

А что пред твоими глазами
проходит, так этот мираж —
совсем не осенний розарий
и не Левитана пейзаж.

Здесь просто меняют обличье,
здесь прячут в безлиственность лес,
здесь пишется клинопись птичья
на блеклой странице небес.

Здесь все — от пронзительно синей
реки, протяженной, как нить, —
взывает к упорству усилий
понять, пережить, воплотить.

Памяти А. А. Быкова

Припомним наше прошлое, как Вы
припоминали прошлое когда-то,
где листьями зелеными травы
природа украшалась франтовато.

Нас развлекало все. Когда-то Вас
не так ли щедро Парки одаряли:
под медногубый простоватый вальс
среди ветвей вели и отдаляли.

Как мы теряли головы! И Вам
срезало красотой ее по плечи.
Но там, где мы слагали по слогам, —
дышали Вы тугим напором речи.

Мы плакали. Вжимая лоб в стекло
рыдали Вы под плеск дождя и клекот,
а после говорили: „Истекло.
Бокал был пуст и тщетно поднят локоть”.

Как тяжек жернов памяти. Покой
мерещится, но не дерзает сниться.
И зыбкое пространство под рукой
готово с Вашим горизонтом слиться.

* * *

Настроенья первых дней
сокровенны. Настроенья,
когда складывались мненья
у деревьев и камней.

Низвергались с гор ручьи,
громогласно славословя
все сословья в предисловье
дней, изъятых из ночи.

Что-то выпало и нам,
донеслось и сохранилось:
благодать, надежда, милость,
верность избранным камням.

В. Ляпунову

Такая стояла погода,
что вновь размыкая кольцо,
подняв от ладоней лицо
вокруг оглянулась природа:
и рыба всплеснула у брода,
и скрипнуло тихо крыльцо...

Такая стояла пора,
что стоило, хоть ненароком,
стопой прикоснуться к дорогам
и вслушаться в звон топора;
и пальцы шершавя, кора
напомнила сразу о многом...

Такал стояла страда,
что чудилось, стоя у края:
дыхание строгого рая
окутывало города,
там, где проходила беда,
на черной свирели играя.

* * *

Ты услышишь осиновый ветер,
и рукой прикрывая глаза,
окунешься, печален и светел,
в обмелевшие сразу леса.

Утопая в ольшаннике сизом,
ты подумаешь с грустью о том,
что уже не подвержен капризам
и к земле припечатан трудом;

что уже не нужны оправданья.
И как слезы Пречистой — чисты
расстоянья, страданья — в преданья
перекинутые мосты.

Самым слабым и самым последним,
самым мизерным, самым несамым —
о, позвольте остаться, ПОСРЕДНИК,
невесомым.

О, позвольте вернуть за ненужностью
честолюбия слитки и грошики,
притязания, что за ненежностью
брошены.

Дотяну до минуты последней,
как до первой, она же — бескрайность.
О, позвольте поверить, ПОСРЕДНИК,
в неслучайность-случайность.

Мимопутья в обход перепутий
суетятся отметить наследником.
И черты на ладони, что прутья,
перевиты не вами ль — ПОСРЕДНИКОМ?

LYOXPVS

КОМПОЗИТОР

Опус 141-вый и — руки на стол.
И признаться себе самому не мешало б
в том, что жизнь невеселая, все же не столь
нетерпима и поводов мало для жалоб.

Не до слез. Мельтешенье снегов и ресниц
настигает рождением новых мелодий.
О, настойчивый голос: — Художник, рискни
у эпохи подслушать! — А как же Полоний?

Как же: бархат портьер багровее, чем кровь,
или кровь багровее бордовой портьеры,
и сонаты твои — неудавшийся кров
для надежды. И во оправданье потери

ты пытаешься их подстегнуть суетой
окровавленных пальцев по колышкам клавиш.
Недоносок, ублюдок, опять за едой!
Лучше лопнешь, другим ничего не оставишь.

Надорвешься, свернешься скрипичным ключом.
обессилишь, усталые руки роняя,
и умрешь, подпирая распухшим плечом
незабвенный, всесильный концлагерь рояля.

* * *

Сквозь вечный шум и гам,
сквозь ветер, стон и дым
Вы пели по крюкам
контральто молодым.

Был страшен перепад
страстей, но выше сил
в мерцание лампад
Вас голос уносил.

Ложились тени на
лицо, как соболя
на плечи, не вина,
что душу опаля,

связала по рукам
война, и горек дым.
Вы пели по крюкам
контральто молодым.

БРЕЙГЕЛЬ

Питер Брейгель, Старший Брейгель, Старший Питер,
Питер Брейгель Старший, старый Питер Брейгель,
твой станок: не то мольберт, не то — пюпитр,
да и сам ты — не то сивый, не то пегий.

Ты давно уже живешь со стариками,
стариков уже давно переживаешь.
На холстах твоих, махая ста руками
люди бегают, а ты — переживаешь.

Люди носятся, ликуя и стеная,
богохульствуют и молятся ретиво.
Все пространство — от харчевни до Синая —
в голубиную палитру обратимо.

Не то мелкие заботы, не то — страсти;
приневолила судьба или кручина.
У крутого ремесла по гроб во власти,
но для гения и это не причина.

Оттого-то меж злодейством и проказой,
там где жизнь свой срок бессрочный отбывает,
ходит шутка всюду ловкою пролазой,
ходит шутка и сердца отогревает.

Л. Л.

Художник, что припас,
какие краски сложишь,
в какой иконостас
шкатулку сердца вложишь?

Твой горизонт забит
пылающей палитрой.
Знобит тебя, знобит,
как ночью перед битвой.

Того гляди — и в ров.
Но вдруг в такие выси,
где холодел Рублев
и гнулся Дионисий.

Не Феофан ли Грек,
потворствуя и мучась,
тебе давно предрек
счастливейшую участь:

увидеть, как чиста,
младенческого тона
улыбкою Христа
затеплется икона.

Пусть горя скудная длина
влечет по замкнутому кругу,
неотвратима тишина,
лицом повернутая к югу.

Всему настанет должный срок,
мгновеньем сменится мгновенье,
и будет час, как между строк
угаданное откровенье.

* * *

Священнодействуешь,
не пишешь, не творишь —
священнодействуешь
в себе самом,
как в храме;
на жертвеннике жертвою горишь,
весь припадаешь,
обращаясь в пламень;
живешь постом,
мелеешь, как ручей,
ночами бдишь,
упорствуешь ночами;
весь — в тайне слов,
в цветении речей:
как связками ключей,
звенишь речами;
все хочешь плыть,
где можно бы пройти,
стремишься вброд,
где в море тонет голос,
а по пятам преследует в пути
словесный голод,
самый страшный голод.

Священнодействуешь,
не думая о сне,
не зная отдыха, покоя, отрезвленья.
Священнодействуешь...

А говорили мне:
привычка, зрелость, мастерство, уменье.

* * *

Вдруг научиться рисковать:
и голос расковать до звона
копыт, катящихся со склона.

Вдруг научиться рисовать:
собрать раздробленную влагу,
туманом пропитать бумагу.

Вдруг научиться раскрывать
глаза и замечать детали,
и задымленный полог дали
за край едва приподнимать.

* * *

И забывать про ремесла
на мне висящее заклятье,
и принимать в свои объятья
веселый ялик в два весла.

И горизонтом завязать
глаза и плыть куда попало,
и забывать, за что попало,
и с морем дружбу завязать.

Чтобы несло меня, несло
и никуда не прибивало...

Чтобы навылет пробивало
меня, как пуля, ремесло.

* * *

Мой Пушкин — белокур,
мой Лермонтов — рассеян,
как мальчик, бедокур
отчаянный Есенин.
И только Белый — бел,
как белая ворона,
для налетевших бед —
открытые ворота.
И словно первый знак
оркестру дирижера,
всесилен Пастернак
над вихрями мажора.

1.

 (Молодая Жанна Д'Арк,
Рок уже крыла простер,
приходите в Сити-парк
и взойдите на костер).

2.

Убивающий, не плачь,
что тебе досталась роль,
по которой ты, палач,
не монах и не король.

Назначенью в унисон —
это ли не благодать!
Ждет тебя в здоровый сон
распростертая кровать.

Или скуден твой улов?!
Заучи повадки, мим,
разговаривать без слов
даже с Господом самим.

Твой колпак промок от слез.
Оттяни последний всхлип...
... Между кленов и берез,
среди ясеней и лип

осень, выйдя из засад,
разгорелась, не дымя...

Был здесь сад и будет сад,
словно не было меня.

* * *

Не золотая! Не золотая!
Рассыпала, убежала.
Всю землю листьями залатала.
Какая жалость, какая жалость!

А воздух — бабки столетней зелье —
настоен травами, замешан росами.
Корнями зябкими впились в землю
деревья голые, деревья босые.

Ты, осень, право, совсем бездарный,
совсем бездальний, слепой художник.
И бродит книжная злая давность
по перепутьям твоих дорожек.

Здесь только ветер в пустые соты.
Сожмусь в тужурке, из дома выйдя.
Ты смотришь жутко, так смотрят совы:
совсем в упор, ничего не видя.

Так это осень?! Старуха осень,
горда, из бронзы стоит литая.
Так это листьев бессчетных осыпь.
Все облетает, все облетает...

Мне глупой грусти не осилить,
мне робко прятаться за тополь,
когда, летящие с осины,
твои глаза толпа затопчет.

Мне посмотреть бы выше, выше
снующих ног — на птичьи стаи...
но, видно, срок мой тоже вышел,
я — облетаю.

Я, как и ты, глаза теряю,
теряю землю под рукою,
я сам себя, смеясь, тираню
и плачу, плачу по другому.

И убегаю за кулисы,
театр жизни бросив к лешему.
А вы в антракте закурите
и пожалейте заболевшего.

Я знаю: будет возвращенье.
Из пепла первые побеги
появятся, как возмещенье,
дарованное победой.

Но как увидеть горя зону
и зону счастья, сбросить шоры,
когда за черным горизонтом —
дожди и листья, плеск и шорох.

* * *

Пой полонез осеннего дождя,
пой надо мной торжественно и плавно,
пой в переулки тихо уходя:
Я Вас люблю, Людмила Николавна.

Который век? Какая в том тщета?
Дворцы закрыты, и погасли свечи.
Я Вас люблю, и чувства нищета
опять меня лишает дара речи.

Как отыскать разорванную нить,
пробиться к свету через груды облак,
Вам рассказать о Вас и сохранить
мне одному до боли близкий облик,

когда лишь звуков смутная мольба —
пальба по сердцу слов высоких ради...
Рыдает осень, не убрав со лба
листвы горящей мокнущие пряди.

* * *

Каплет ядом яблок сад. За синими
сумерками даль неразличима.
Только клены тонкие с осинами
об руку проскальзывают мимо.

Каплет ядом яблок сад. За дальними
хуторами выкрики и всплески.
Белыми туманами задавлены
травы, тростники и перелески.

Каплет ядом яблок сад. А помнится —
весь в цвету — метался на свободе.
Каплет ядом, не дает опомниться,
сводит счеты так, что сердце сводит.

ОСЕННИЙ ВАЛЬС

Это осень опять выдает нам аванс
холодами. Забыть о дорогах скитаний
и кружиться, как листья, под медленный вальс
еще болью не раненных воспоминаний.

Это полночь, шутя, переходит черту
откровений, и окна заполнены синей
тоской, и стоять на посту
у безликих дождей стало невыносимей.

Это в сумрак уходят деревья бродить
по оглохшим полянам, шептаться и плакать,
и заснуть, когда станет под утро бродить
на измятых тропинках холодная слякоть.

Это реки, от черной печали устав,
берега подминая, проносятся мимо.
Как любить, как дышать, расспросите у ста,
у двухсот, у всего населенного мира?

Потому что, звеня, разрывается нить
соответствий, вселяется в сердце усталость,
и кого-то, за что-то, зачем-то винить —
это все, что у нас в эту осень осталось.

ПАМЯТИ М. БУЛГАКОВА

Четвертый акт трагедии: герой
сейчас умрет под шквал аплодисментов,
припоминая блеск дивертисментов
и хризантемы тающей горой.

А зритель неуклюже в пальтецо
себя, почти забытого, запрячет,
и ветру потрясенное лицо
подставит под удары и заплачет.

Но драматурга горестный черед,
как город из тумана, проступает;
он что-то вспомнит, что-то зачеркнет,
прибавит роль, и все переиграет.

В последнем акте прошумит река,
и льдины с хрустом устремятся к устью,
и всех утешит узкая рука,
протянутая с нежностью и грустью.

А. А. А.

Как хороши, как свежи были розы...
Как розовы шипы вокруг чела.
Какие ожидать еще морозы,
страшнее тех, что выпали вчера.
Как женщине не сотворить кумира
и сохранить достоинство и честь.
И просидев весь вечер у камина,
единственной страницы не прочесть.

ПОСЛЕДНИМ ФУТУРИСТАМ

Давид Бурлюк скончался. Будетлян
осталось мало — вовсе не осталось,
но также воздух синевою пьян,
и также человеку нужно малость
воды и хлеба; и вложить в ладонь
округлого плода живую сладость,
и колокола медленную донь
переживать как собственную радость;
и отрыдать, и чистоте вернуть,
страданием утраченную верность;
и дальше жить, и глубже видеть путь,
и времени отмеренность и мерность.

ТРИГОРСКОЕ

Как триедины три холма.
От парка в сумерки дорога
неотделима, как молва
толпы восторженной от Бога.

Как ритуалом закреплен
прогулки округленный почерк,
чередовались с елью клен,
с березой дуб, со словом — прочерк.

Как медленно переходя
один в другого — двуедины —
оттаивали, словно льдины
в ладонях теплого дождя.

Художник должен замолчать
и ничему не удивляться,
на волнах вечности качаться
и времени не замечать...

Художник должен быть одним
из тех, кто ничего не должен;
он пережил, хотя не дожил —
и небо чистое над ним...

УТРО

Приучим себя к постоянству
безмолвия в пику пространству.

Ночной поворот к переменам
внезапным — в душе перемелим.

Научимся жить на полушку
рассвета лучом на подушку.

Откроем ворота покою
тумана, что по-над рекою.

Позволим озерам печали
парчою лежать за плечами.

И тьме по густым перелескам
открыться и всхлипам и всплескам.

* * *

Не порука — печаль и обида.
Не забвенье — озера тоски.
Как под взором твоим, Немезида,
прогибаются болью виски!

Как, однако, грязна и разбита,
и в лесной перебежке слепа
от меня до последнего скита
переброшенная тропа.

От скитаний, как от наваждений,
не отделаться мне нипочем...
Так чего же ты ждешь, Добрый Гений,
Светлый Ангел, за слабым плечом?!

Ветер с клена срывает рубаху,
мародерствует — жалок и зол, —
лупит о земь какую-то птаху,
и с усмешкой глядит на позор.

Оголтело и непоправимо
чернолистье проносится вкось.
Гуси-лебеди, что же вы мимо?!
Други-недруги, что же мы врозь?!

ИКАРИЗМЫ

пока гремят по замерзшим садам
заморские неведомые птицы
 (о, где ты, комаровский соловей!),
я Фолкнера читаю по складам,
и проступают сквозь чужие лица
черты и мифы родины моей.

Икария, поломанным крылам
все те же ветры чудятся в разломах
 (старинный зуд забыться не дает),
уже судьбу не делим пополам,
дом опустел, гуляет мрак в проемах,
и призрак ни на шаг не отстает.

вестимо: впору повторять зады
грамматик перелесков и бурьянов
 (размер реки зазубрен до морей),
ужели можно рифмовать сады,
не ведая порубок и изъянов
и не бросая в заводь якорей?

в сердцах ужели выложить стиху
последние слова беспечной жизни
 (кто жил взаймы — тот и умрет взаймы),
и душу обнажив как на духу,
побалагурить на безлюдной тризне,
где и вражда — периной на пуху.

земные связи — тополиный пух:
обман души и зрению морока
(как ни крути — на всех путях туман).
пусть различает непредвзятый слух
в глумливом бормотаньи скомороха
как костенеет сукровица ран.

едва ли можно, опустив глаза,
увидеть небо у стопы разбитой
(маниакально совершенство тел),
и не поняв на свете ни аза,
не лучше ль — пронестись метеоритом,
отвердевая по пути как мел.

уже не лечь в заупокойный мех
твоих снегов бессильными глазами
(иным снегам нужна иная дань),
завещено: сквозь судорожный смех
не прорываться жадными слезами:
тьма горьких истин — лишь Тмутаракань.

не пересилить лености к труду,
в котором прок, словно заноза в теле
(битье баклуш имеет свой изъян),
пора забыть высокую трубу
неумолимой мартовской метели:
кровь сожалений выжата из ран.

Иокнапатовский округ не открыт
для обозренья: временит картограф
(он здесь властитель — вечный раб и Бог),
хотя курган уже давно отрыт
и прежний архиолог — лишь географ
генеалогий, запасенных впрок.

о, зуд перечисления, всему
номенклатура отыскала место
 (где твой топор, пленительный Прокруст!)
прославим добровольную тюрьму!
нас пропекли, хоть проступает тесто
и, то и дело, — всхлипывает хруст.

1У.

Не остается времени, зачах
последний куст сиреневого цвета.
Уже не греет шуба на плечах
в сентябрь отступающего лета.

Еще глаза не радует строка,
где киноварь перемешалась с охрой,
где, холодея, на поляне ссохлой
застыла полусонная река.

И кажется, что все обречено
молчанию за речи черезмерность.
Из под эмали проступает медность,
и времени скрипит веретено.

У.

Не колени у вод преклонять и лицо остужать —
проклиная увод — побелевшими пальцами сжать
в жалком горле комок: не скрипи, свиристель, не стучи;
и другим не помог, и тебя обошли палачи.

Что за синь у небес! Проплывают по ним облака.
И с надеждой и без — все смешалось — река и рука.
Прорезает весло годы-воды и тихо окрест.
Вот куда занесло — на поруки? на плаху? на крест?

УІІІ.

Переводя потухший взгляд с листа
остывшего на дали и на веси,
на день короткий, сыгранный с листа
пустынных пашен, легок и невесел,
я начинаю, запахом конца
переполняясь, уплывать в немилость
когда-то милосердного лица,
которое увяло и сменилось.

Прости, ЛИЦО! Я знаю, взлеты рук
меня простили, как простил затылок,
откинутый в невидимый испуг
сквозь натюрморт графинов и бутылок.
Прости, ЛИЦО! Я мог бы хоть у глаз,
у губ, у носа, у виолончельной
щеки, у лба — но что в пустыне глас! —
просить прощенья, когда полон цельной
решимости началом и концом
предстать на суд ресниц, бровей, но кроме
тебя, ЛИЦО, заговорить с лицом
никто не в силах в опустевшем доме.

X.

От слабости влажнея, облака
гуртом овечьим забредают в сени...
Зима тревого нашей, ты пока
неслышима за шорохом осенним.

Недостает каких-нибудь минут,
слабеет память на брегах былого,
но минет миг — пороши заметут,
и крепче льда в гортани встанет слово.

Зима тревоги нашей, ты пока
набедокурим и накуролесим,
а после — остывая — словно мим
вдруг обернемся — каждый бессловесен.

XII.

Как жизни путь, который пополам
был разделен и отсечен наславу
дорогой, проведенной по полям
и под вечер запрятанной в дубраву,
где густота вечнозеленых крон
хранила тайну запаха и духа,
так и душа в твоей ладье, Харон,
отсечена от зрения и слуха.

ХУ.

что-то хочется вновь повторять в элегической грусти
то ли песни забытые, то ли — живые стихи,
то ли только напев отлетевшего прошлого, в хрусте
белолобого наста, когда и не снятся грехи...

не умея сказать, не умея узнать, — мы тревожим
сон пространства во времени, тихо струящийся сквозь
нас и наши утраты, тогда как подножьем подложен
обезумевший шар, как всегда, разгоняющий врозь...

и молитва еще на открытых губах не остыла,
и Пречистая Матерь покойна в озерах глазниц;
все открыто окрест: море мира нахлынуло с тыла
и прессует, дыша, наши души, простертые ниц...

К И Н О

Умираю опять.
Мне опять умереть суждено.
Умираю и вспять
возвращаюсь — загадки кино.

Отмотали назад кинопленку,
и будет монтаж.
Мне, чужому ребенку,
кричат: ты не наш. ты не наш.

Чей же я, умирая!?
Не мамин, не папин — соснов,
в рай всплывая из рая
еще недосмотренных снов.

Что ты, птица, кричишь!
Не спеши, повтори, подожди!
Но обернута тишь
в шелестящие болью дожди.

Мокрый лист ото лба
отрываю как памяти пласт.
Истощилась судьба
и уже ничего не подаст.

Христорадничать? Что ж,
это мой босоногий удел.
Вижу времени нож,
отрезающий душу от тел.

Вижу так, будто вспять
по своим же следам, словно вор.
Умираю опять,
забывая прочесть приговор.

Памяти

                    * * *

Мертвым,
жухлым листом
на аллеи
спускается старость.
Вы жалели
себя,
и от вас ничего не осталось.

Не осталось
ни камня на камне,
ни красок,
ни мыслей,
только в прошлое канули
неведомые компромиссы.

О, как скручены ветви в аллеях —
как будто канаты!
Вы жалели
себя
и, жалея,
себя доконали.

Чувство цвета пропало...

Поблекли цветы на могиле.
Ветер в осень,
как в стекла,
стучится ветвями нагими.

О, как мне одиноко,
как пусто на этой аллее.
Не жалейте себя!
Не жалейте себя!
Не жалейте!...

Я кистью не пишу. Мой мастихин
давно заброшен и к труду не годен.
Куда ушли, зачем ушли стихи,
как женщины любимые уходят?!

Их не зову, им не кричу вослед,
за ними не бегу, по ним не плачу;
ладонь от глаз — и чувствую — ослеп.
Но надо жить, и это что-то значит.

Я кистью не пишу. Мой мастихин
давно заржавлен и к труду не годен.
Куда ушли, за кем ушли стихи,
как женщины любимые уходят?!

ВОКЗАЛ

Наташе

Поезда убаюкивал теплый перрон,
пассажиров глушил ожиданьем пространства —
только осень крутила утиным пером
и никак не могла почему-то расстаться.

Только тополь топорщил сухие сучки
и в запале грозил обещанье расторгнуть,
пока ветер выписывал злые крючки —
черновик похищенья Наташи Ростовой.

Предстояло все набело переписать,
тяготясь неожиданностью композиций.
Увертюру как площадь перебежать
под обстрелом дождей захотел композитор.

Благочинность домов объявляла вражду
проституции улиц, прокуренных настежь;
томно-тучное небо грозило: рожу
недоноска-уродца. И спелого наста

не хватало, чтоб как по бумаге пером,
прочертить поездами от станций до станций...
Только осень крутила утиным пером
и никак не могла почему-то расстаться.

* * *

Забвения верный посредник,
тогда как другие глухи,
все примет огонь-исповедник:
записки, расписки, стихи.

И ноша, что горбила плечи,
сгорая, наводит на след
загадки рифмованной речи
и прозы забот и сует,

где опытом дальним и близким
таинственно приращены,
накрыты одним обелиском
и мукой одной прощены.

* * *

М.

Стихописания урок
давно заброшен.
И не сижу у Ваших ног —
влюблен, взъерошен.

А Вам теперь уже другой
целует руки,
согнувшись медленной дугой
в любовной муке.

А я свободен, но моя
нема свобода.
И разделяют нас моря
без дна и брода.

И память, грешная, слаба,
хотя из песни
вовек не выкинуть слова:
вернись, воскресни.

Ты на плече моем поплачь —
себя не мучай.
Под черным ливнем неудач
живи как случай.

Пусть будет легкою стопа,
в поля ступая,
где, как кочевья, спят стога,
изнемогая.

Ты на удачу загадай,
поставь на ветер,
ты распахни глаза в Тракай,
в июльский вечер.

И крепость старая в пески
ладьей причалит.
И станут легкими виски
твоей печали.

Ты посмотри на тишину
глубоким взором.
Не нужно ставить все в вину
лесам, озерам.

Мы спаяны одной волной,
омывшей душу.
Следи, следи за тишиной
и плачь, и слушай.

ВОСПОМИНАНИЕ О РОМАНСЕ

И был романс. И падали слова,
как капли с тучи, пролетавшей мимо:
свежо и редко. И под слоем грима
всамделишно пылала голова.

И был романс о чем-то, что уже
прошло и вновь грядет неотвратимо.
Захватанная бестолочь мотива
уподоблялась вспаханной меже.

И был романс, Устало, без потуг
на артистизм, он плыл неузнаваем
над этой жизнью и над самым краем
опять зажегся и опять потух.

И был романс. А ныне, как в бреду —
обрывки слов, чей вымысел несносен.
Бредете Вы, мы все бредем, бреду
в поющей тьме неразличимых сосен.

* * *

Ты когда-то была, ты когда-то любила меня.
Вьюга все замела — не видать ни пути, ни огня.

Закричу в никуда — не услышу в ответ ни словца.
И беда — не беда, пока руки твои у лица.

Открывай ворота! Что таиться, когда на виду
не любовь молодую, веду молодую беду.

Как живется тебе — в тупике, вдалеке, налегке,
там, где годы, как баржи, неспешно ползут по реке?!

* * *

Л. Н.

Мы живем по соседству, и осень
входит в нас, до костей холодя.
Мы с прогулок с собою приносим
запах грусти, листвы и дождя.

Не прощаемся. У перепутий
лист осенний случаем и слеп.
Наших судеб и рук перепутан
остывающий медленно след.

Как в начале, нам надо немного:
взгляд во взгляд — и слова растерять,
и смотреть, как нисходит от Бога
нам дарованная благодать.

* * *

К чему любови канитель
об эту трепетную пору —
все тополиная метель
придаст огласке и позору.

Достанет ли во мне огня,
чтоб осветить потемки чувства,
и поклонения искусство
ужель и ныне для меня

Когда гордыни полуржа
венцом охватывает душу,
как равновесье не нарушу
на узком лезвии ножа.

* * *

Веселый всплеск весла,
холодный хохот льдинок...
Вступай скорей, Весна,
с Зимою в поединок!

Мой Март, мой секундант,
ты ждешь уже у входа.
Весны большой талант
приветствует природа.

Кружится голова,
морозы преходящи,
над головой все чаще
и чище синева...

Левушке

Около ряда
бед и забот,
о, Колорадо, —
птицей с высот!

О, акварелия
горных пород,
словно Карелия
наоборот.

Падаю соснам
в ноги, спешу
высказать: сослан
в то, чем дышу,

в обморок хвои,
в блики воды...
Вытяну вдвое
против беды.

В этакой сини —
солью снега...

А на Руси
полыхает пурга.

* * *

Накормит с ложечки апрель,
и станет на сердце добрей.

И легче пасмурной душе,
пока весна в карандаше.

И только небо акварель
выплескивает на панель.

Е. И.

Под дудочку плясать
безудержно. Под небом
проснувшись, описать
живую встречу с хлебом,
радушье молока,
врачующего голод,
как будто боль, как город
любимый, далека.

* * *

Такие тонкие колена
преподносил мне соловей,
как будто в школе у Верлена
учился песенке своей.

Он мог бы явным превосходством
заполнить век короткий свой,
но тянет нищенством, сиротством,
Монмартром, сыростью, тоской.

* * *

Суровая нитка зимы
продета в апрельское ушко.
И поля белеет подушка,
и лес не снимает пимы.

Но стоит ли вновь повторять
сухое метанье метели
и долгим обозом недели
терпенье свое проверять,

когда по утрам в синеву
подмешано золото густо,
и снег, ноздреватый до хруста,
оттаивает наяву.

* * *

Что может быть чище и выше
сверкающей таяньем крыши.

Что может быть горше и слаще
весеннего щебета в чаще.

Что может быть тоньше и проще
стрижиного росчерка в роще.

Но самые чуткие чувства
в случайной обмолвке искусства.

* * *

О, как отчаянно грозя,
тогда как стрелки тянет к „ясно“,
неумолимо, словно ястреб,
на город падает гроза.

И открываются глаза,
как открывают окна — настежь.
И тень от тучи землю застит,
и мчится молния, разя.

А ты бежишь среди грозы
и молишь жалобно пощады,
а сзади — хлопают плащами
и лупят в медные тазы.

А ты качаешься, как рожь
под градом, трепетно и плавно.
И в этот миг все в мире — ложь,
и только ты — нагая правда.

Так и стоишь в моих глазах:
одна средь ливня, света, пара.
Земля в слезах, и ты в слезах
любви, потопа и пожара.

* * *

Сломав суставы, о любви не просим;
откликнувшись на клекот журавлей,
внимая покаянию полей,
мы восклицаем: как прекрасна осень!

Прекрасна осень! Только ли затем
ее убранство драгоценней лавра,
чтобы в сетях водопроводных стен,
как рыба, билась медная литавра;

чтобы стонали стулья и столы,
чтоб клен молил, касаясь рам губами,
чтоб мучились, как совестью, стволы
сухими телеграфными столбами...

Назавтра все окончится. Черед
уж издавна проверен и известно,
что белая кайма перечеркнет,
готовое закровоточить место.

ОСТАНОВИСЬ!

1.

...мгновенье замедляется. Вот-вот
и вовсе остановится. Ужели
застынут запыхавшиеся ели,
едва одолевая поворот;
и листья, прекратив круговорот,
не долетят до зябнущей панели?

2.

Пространство наклоняется. К рукам
почти что льнет щенячими боками,
клубясь, отяжеляясь облаками,
вбирая жизни, как дотоле — гам,
уподобляясь дантовым кругам.
Спаси вас Бог спускаться вниз кругами!

3.

Как в медленную воду острова,
все медленно уходят в летаргию;
сознание, как будто в литургию,
выхватывает смутные слова;
и словно небо просинь, голова
приоткрывает помыслы благие.

4.

Но слишком поздно: мягкие следы
запутаны, как древние деянья.
И что стоит за сменой одеянья:
дым расставанья? оторопь беды?
И почему, с поспешностью, сады
приобретают страшное влиянье?

5.

И где она — былая благодать,
свободная как самоотреченье?
Тяжелое, печальное теченье,
повернутое будущему вспять,
едва ли что-то может наверстать
коловращением судьбоверченья.

ОСЕНЬ В ПОЛЬШЕ

Осень ходит по Польше, ясновельможная пани,
осень ходит по Польше в предутренней трепетной рани,
осень ходит по Польше и киноварь носит с собою —
ей не хочется больше без шутки встречаться с судьбою.

Ах, полячки-чудачки, вы вечно — стрекозы иль змеи.
Осень яростней прачки стирает каменьев камеи,
когда выпучив рачьи зеница — два солнца над нами,
и совсем по-ребячьи, как птицы,— над снами, над снами...

Видно в этой вражде уязвленная гордость погрязла,
утопая в нужде по колени, по горла, по прясла,
проступая, аж где проступить невозможно без крика:
раж кровит в бороде иступленно застывшего лика.

Я молюсь о тебе, припадая к камням в Ченстохове,
не любя и любя, разделившись и слившись по крови,
старый узел рубя, словно это хоть что-то решает...

Журавлями трубя, твоя осень меня утешает...

* * *

Мне бы только до Вас докричаться
                    сквозь толщу годов, пани Галя,
громыхая в пролетке по вильнюсским стертым торцам...
К праотцам даже легче, до вечной побудки дневаля,
чем до Вас докричаться, концы приближая к концам.

Что-то видно не очень в ту даль:
                    там подернуты окна туманом
прибалтийской весны, что бросает березы в озноб.
Сноб, и тот, устыдился бы, впрок рассовав по карманам
довоенные марки, где штемпелем — верность по гроб.

Ваши пальцы пригубить — навек обмереть от ожога
белизны откровения в нимбе литовских озер.
О, позор забывания! Кто мы такие у Бога,
пани Галя, скажите, откликнетесь взором во взор.

Вы идете, земли невесомой стопой не касаясь,
разметав за плечами раскрылия рук и волос;
четверть века спустя в ваше пенное пламя бросаясь
мотыльковым отчаяньем, знаю — по слову сбылось.

* * *

Офелия, каких кровей
должна быть гордость в сердце слабом,
новопредставленная славам
новоприбывших королей?!

Пока мотается возок
комедиантов, неприкаен,
разоблаченный сценой Каин
мозолит уксусом висок.

И низок чей и чей высок
удел, и бредит кто петлею,
и дымной из кого зарею
в давильне выжимают сок?

В чем жизни неизбывной прок,
когда она гудит вертепом,
когда придавлен тяжким склепом
твой безответный голосок?!

* * *

Марина, не Мнишек,
из мнительных,
не возомните в гордыне!
Что чувство?
Излишек?
Над пропастью ныне.
А сад, он, как прежде,
полощет листву в небосводе:
в полете, в надежде,
хотя безнадежность в природе.
Из третьего, позднего,
к первому Риму дорога, —
испытано, познано —
неотвратимо отлога.
Холодным окатом
трезвит запоздало прозренье.
А что там? а как там?
и — сослепу — сразу про зренье.
Марина, не Мнишек,
из мнительных,
но неужели
сквозь иней манишек
Вы душу узнать не сумели?!

ОТЗВУК МОНОЛОГА

Мне это все напоминает дом,
в котором время вытравлено светом:
там ОСЕНИ, прощающейся с ЛЕТОМ,
дается понимание с трудом.

 (Ужели это ОСЕНЬ над прудом
с лицом ЗАБОТЫ?)
                              Но уже при этом
наметился слепой водораздел,
и, кажется, что время через силу:
по воздуху, по выдоху, по илу
вползает в круг невозмутимых дел.
Белее гнева раскалился мел
и белизною отчертил могилу.
И выдохся.
                    Поверим, что вокруг
безвременье, бестрепетность — порука
не разрывать законченного круга,
смотреть вокруг и видеть только круг.
Но в пустоте, не признающей мук,
прорежется, как зуб, живая мука;
заговорит и обретет союз,
так оживит собой существованье,
что болью развороченные зданья
почувствуют былых столетий груз,
как след слезы былого мирозданья...
Но что с того...
                        Опять твои крыла
простерты над моей планетой скудной.
И день — не день, а только абрис судный
в преддверии кромешного суда.

Какие ты построишь города?
Какой язык вместит твои проклятья?
Как легкость тяжелейшего распятья
не сможешь ты постигнуть никогда.

Торжественность явит собой парад,
построенный, увы, не для парада:
САД задохнется, из ладоней сада
беззвучно заструится листопад.
И все, что прежде только наугад
ты понимал, вдруг обретет реальность:
подвал страстей вместит свою подвальность,
как сок вмещает спелый виноград.
И обернется ТИШИНА назад —
и не увидит ничего в пространстве:
неубранность молчания — в убранстве,
непостоянство — в нашем постоянстве,
в наполненности — пустоту утрат...

Как хорошо, что не в последний раз
дано понять, что этот раз ПОСЛЕДНИЙ,
а видимость — лишь ветренный посредник —
и кружит, кружит для отвода глаз.
Совет воспринимая как приказ
легко проститься с волей и неволей,
забыть себя, припомнить череду
былых ошибок и, склонясь к пруду
увидеть не себя, а только поле,
усеянное листьями, и даль,
оправленную в них, словно на меди
навеки отчеканена медаль,
того как свет проходит через веки,
опущенные долу.

Очень жаль,
что не с кем поделиться чередою
высоких облаков и ничему
не выдать пропуск в вечность. А уму
в текучести соперничать с водою
пустая трата драгоценных сил,
затея, не достойная заботы.

Смотрите, как минуя повороты,
поет вода и не снижая ноты,
не различая вальсы и гавоты,
живая, льется, вьется меж могил.

                    * * *

Своим глазам не веря... Что глаза,
которым застит свет улыбка боли
прозрачная, хотя, конечно, за
мерцает что-то, значущее боле.

Итак, глазам не веря, а душе
опомниться не дав от прежней встряски,
когда она, распластана в туше,
увязывала неувязки.

А разуму? Меж снов и букварей
воспитанный, что может этот птенчик —
один из пышногрудых снегирей,
в крещенском поле всхлипнувший бубенчик!?

* * *

Еще истово спорим о кантах
(за спиной ни двора, ни кола),
еще лето стоит на пуантах,
заглядевшись в свои зеркала.

Только самые зоркие, в споре
уступив, станут сами собой
в налетевшем порывами с моря
ветре, названном в шутку судьбой.

Еще нам не назначены сроки,
и восходом пылает закат.
Отчего ж — бессловесны и строги
оглянулись? Стигматы горят!

БИНОКЛЬ

— Ты посмотри на этот сад и на
все, что вокруг: постройки, огороды,
на совершеннейший содом природы,
гле ловко потрудился Сатана.

      — Смотрю, как смело распустив власы,
      спешит к воде, вошла и погрузилась,
      расположилась небо наблюдать;
      из фокуса исчезла — вот беда...

— Ты посмотри как полон окоем
отточенного замысла и смысла,
как выгнутый дугою коромысла
тих горизонт, я вязну оком в нем.

      — Я бы смотрел, но раздражает фокус
      занудной ловли расстояний в фокус,
      где, что ни так, — и сразу мир, как фикус
      несоразмерен и аляповат.

— Ты посмотри, ужели без руки,
благословляющий любую волю,
по под стогами вогнутому полю
расположились линии реки.

— Ага, поймал, смотрю, но невпопад
все кто-то лезет, заслоняя виды,
ну, образина, ловок, подхватил
и, мокрую... опять проклятый фокус...

— Когда б иметь прибор, чтоб заглянуть
в самих себя...

  — Вполне с тобой согласен,
  стоит жара и впору заглянуть
  в трактир и заглянуть на дно стакана...

— А мы стоим — два полых истукана,
два полуистукана, мы, стоим...

ПСКОВСКАЯ СЛОБОДА

Там вздутый, словно флюс, булыжник
и колорийнейшая грязь,
и колоритнейший биндюжник
орал, спиной в нее валясь.
Старухи робко осенялись
крестами, грешника кляня.
И пахло щами и сенями,
и шла какая-то возня.
И невозможно разобраться,
на чем держалась эта рать,
где забывали — люди-братья —
и помнили, что нужно брать.
И налетать, и драть в три шкуры,
и уноситься на санях,
не признавая лучшей школы,
чем глаз, впечатанный в синяк.

Но было жирно,
сонно,
тесно,
и стороною шла беда,
и поднималась,
словно тесто
в дубовой кадке,
слобода.

МУЗЫКА НА БЕРЕГУ

1.

Как музыку с листа,
вздымая и роняя
на клавиши рояля,
меня играет Мста.

Запалом озорства
звучит мелодий сшибка,
где каждая ошибка
с подвохом мастерства.

2.

Сонатой, сыгранной с листа,
яви себя честному люду.
Испепеляй в себе Иуду!
Не распинай в себе Христа!

* * *

Я уезжаю в лес:
великий — сентября.
Я никуда не лез,
кимвалы теребя;
я никому собой
не застил белый свет,
и боевой трубой
не бередил рассвет.
Я в колыханьи трав
как равный, как трава.
И кто бы ни был прав —
природа лишь права.
Там не пустых словес —
листвы прощальный звон...
Я уезжаю в лес,
как погружаюсь в сон.

Н.

Позови меня,
подними меня,
своим именем
закляни меня,
обними меня
среди бела дня,
чтоб любовь твоя
обожгла меня,
а не просто так
обошла, маня...

Это время линять
и кричать кляня:
позови меня,
подними меня,
своим именем
закляни меня.

КРИК ДУШИ

Так очинять карандаши,
так плакать по бумаге!
Так истончился крик души,
как ручеек в овраге.

И, вроде бы, уже не крик,
а только тень от крика,
а крик, казалось, был велик
высоким строем лика.

И за пригорком пропадать,
и о стерню колоться,
и у колодца припадать,
и об воду колоться.

И навалясь на прелый сруб,
своих коснуться губ же.
И эта шалость сходит с рук,
и руки входят глубже.

И черные колокола
поют во мгле недобро,
когда вода, острей кола
вонзается под ребра;

когда, как собственный двойник,
стыдясь себя — уродца,
лицо срывая, тонет крик
души на дне колодца.

* * *

Куда отогнать неспокойные сны?
Повсюду, как совесть, настигнет расплата...

Дрожали осины, и пруд был заплакан
листвою. Вдали очертанья сосны,
а ближе: горели лесные хоромы,
и гомон катился лавиной окрест;
казалось, кого-то всем родом хоронят,
и кто-то назло погребенью — воскрес.
И бросился клен на колени, у вяза
глаза стекленели, застыли, как соль,
березы, и переполох был увязан
с немым торжеством разорвавшего сон.

И только кустарник не видел, пожалуй
увлекшийся бранью с крапивой, как днем
в полнеба повинно пылали пожары
холодным, бездымным, бессильным огнем.

МЕДЛЕННОЕ

Опадала листва и сады
погружались в белесую морось.
С наважденьем бессонной воды
ни земля, ни душа не боролась.

День стоял — ни хорош и ни плох:
дуло в еле прикрытые створки,
и сидел, точно Пан, на пригорке
притаившийся переполох.

Утопали в дождях косяки
журавлей, молчаливых, как рыбы.
И тумана слоистые глыбы
наползали на руки реки.

И на крыши садился верхом
тощий дым и раскачивал кровли.
И теплом истекали, как кровью,
те дома, опушенные мхом.

Неустроенностью бытия
и дубам раскорячило плечи...

Как былинка, сломался б и я,
да спасает язык человечий.

* * *

И Суета с изменчивым лицом
не отставала ни на шаг, а впрочем
ей каждый день подкатывал крыльцом
под ноги — обязателен и прочен.

Что до удачи, то ее предел,
как частокол, подверженный погоде,
качался на ветру, затем — редел,
и поводом к насмешкам был в народе.

И молода, и каждый раз не та,
что прежде надругалась и бежала,
внезапно выростала Суета
и ласково протягивала жало.

* * *

Вхожу как в спокойную воду,
Свобода, в твою несвободу.
И снова не вижу причины
лучиной чадить на личины.
И снова не знаю задачи
за дачей рыдать об удаче.

Давно уже это известно:
что судьбы, как камни, — отвесно,
а души, как пар, — невесомо...
И нет ни порога, ни дома.

В ПОМЕСТЬЕ

Меня научат нараспев
читать причудливые вирши
и отбирать к варенью вишни,
и верить в пагубный успех.

Из дальних комнат голоса,
минуя сад, вернуться снова,
но в них войдет первооснова:
поляны, реки и леса.

Ошеломленная оса
прервет ленивую беседу,
когда сосед, шутя, соседу
о ком-то шепчет за глаза.

Сомкнуться сумерки, туман
прижмется к зябнущим аллеям.
Мы искренне посажалеем.
что призрак все, что все — обман.

Но так приятен сумрак нам:
в нем проступают лица, плечи;
еще не приносили свечи,
белеют нежно руки дам...

Пунктиром рвется разговор —
в нем проступают ноты риска.
Пора по комнатам. Записка
передана. Окончен спор.

* * *

А зима вся была отдана
развлеченьям особого рода:
то снега украшали дома,
то домами гордилась природа.

Лоскутами холодной зари
так и сыпались, в плеске и свисте,
густорозовые снегири
на стеклянно звенящие листья.

Улыбалась удача, а сон
был прозрачней иного намека.
И как пух тополей, невесом,
снег кружился высоко-высоко.

И казалось: не будет конца
наваждению солнца и снега,
густосинему куполу неба
и морозному скрипу крыльца.

ПОХОРОНЫ

1.

Как осеняет лоб
внезапно Горний Свет,
так падала на гроб,
навзрыд взывая: „Нет
начала и конца,
о, Господи, молю —
с любимого лица
сними любовь мою!”

2.

По суглинку, по дерну
с деревянным крестом...
День как будто задернут
небеленым холстом.
Словно жизнь затенили,
но в объятиях тьмы,
Господи, не в тени ли
твоей милости мы!

3.

Я почти ничего не успел.
Я молчание наше не спас.
Словно яблоко, крупен и спел,
ты преставился в Яблочный Спас.
Опустели, как гнезда, сады;
небеса прохудились — и враз
мир окрасился цветом беды.
Я молчание наше не спас.

4.

Свежее, осеннее
утро — синий час.
Питерская Ксения,
помолись о нас.

о. Николаю

После морозов вновь растаяло,
раскрылись контуры и тени,
непостижимые, как таинство
приобретенья и потери.

Событий ход, известный издавна,
вдруг изменил больному дому:
по-прежнему, как смотришь издали,
вблизи посмотришь — по-другому.

И как бы сквозь непонимание
того, что мы за грань не вышли,
лежит немым напоминанием
он — восковой и неподвижный.

А за окном гуляют голуби,
и стаивает снег местами,
и люди одиноко горбятся
и осеняются крестами.

* * *

Мне горек этот хлеб.
Мне странен этот дом.
Здесь могут научить,
как жить простолюдином.
Но каплю смысла мне б,
чтоб пересохшим ртом
вовек не припадать
к оцепеневшим льдинам.

Есть высшая из мер.
Но верь или не верь,
вот — ЧЕРНЫЙ ЧЕЛОВЕК.
От правоты немея,
он вынимает мел,
от отмечает дверь —
мой неизбывный век —
крестом Варфоломея.

В Ы Б О Р

На дорогу поев,
и неслышно скамьи передвинув,
пока ночь умирала
за глянцем оконной слюды,
не простившись со мной,
на рассвете ушли пилигримы,
на холодном песке
оставляя босые следы.

Распахнулись глаза,
когда горница солнцем дымилась;
золотые хоругви
свисали с черненых досок...
Закричал — никого. Все ушли.
Но, как Божия милость,
на полатях ломоть
и у двери сухой посошок.

СТАРООБРЯДЦЫ

Года не помню. В скиту жили мы, а над Русью
вопль протопопа стоял: будто гроб выносили.
Гуси летели на юг, и дрожали, как гусли,
тонкие листья на кровью облитой осине.

Поздние грозы, пустыми полями натешась,
в лес залетали, дубы поджигая как порох,
и в небесах — как на божьем судилище леший —
весь извиваясь, метался пурпуровый сполох.

Как откровения, ждали в молчании часа,
чтобы земля распахнулась бездонным отверстьем.
К близкому краю терпения полнилась чаша,
благословленная дважды суровым двуперстьем.

И в предрассветной, туманом окутанной рани,
словно по знаку, деревни лишались движенья, —
и не заря занималась — а души сгорали
в самогубительном пламени самосожженья.

Когда же, снятого с креста,
Христа уже земле придали,
и фарисеевы уста
еще не раз его предали;

и повернулся жизни круг,
томясь загадкой воскресенья,
после обедни, в воскресенье,
был спор небогословски крут.

И в ход уже пошли мечи,
и захлестала кровь ручьями...
О, брат мой, бисер не мечи
пред свиньями и палачами!

Будь в вере непоколебим,
покуда вопль стоит над миром,
и мир не прикоснулся с миром
к устам обугленным твоим.

* * *

Сентябрь. По утрам холодина,
и ломятся листья в стекло,
и памяти грузная льдина
мое остужает тепло.

И жизнь по законам Ликурга
терпима в замшелой глуши...
Но — точный графит Петербурга
нацелен на ватман души.

ПЕТЕРБУРГСКИЙ УНИВЕРСИТЕТ

В. Г.

Город чист и огромен,
Исаакий в огне.
И профессор Еремин
вспоминается мне.

Не считаясь с годами,
он стоит против нас,
как старинный пергамент
перед буквою АЗ.

Как последнюю силу
у судьбы на краю,
он нам дарит Россию
дорогую свою.

Недотепы! разини!
не вмещают умы,
что когда-то Россию
потеряем и мы.

Половодье печали
затопляет слова,
и стоит за плечами
жизнь, как вечность сама.

И старинные своды,
как и прежде, немы.
И другие, как годы
исчезают, — не мы.

Мы еще на восходе,
нам еще нипочем,
кого в узком проходе
задеваем плечом.

Мы полны безрассудства.
Но немногие все ж
от печали спасутся,
не провалятся в ложь.

А пока — этот ветер
с ледоходной Невы
нас приветствует в свете
молодой синевы.

Как негаснущий кратер
на разливе души,
ты стоишь, Альма Матер,
в петербургской тиши,

где стихают норд-осты,
залетая в века,
и Васильевский остров
окаймляет река;

где старинным законом
скреплена эта честь:
сочетать заоконный
мир с законченным здесь.

БЛОКАДА

Маме

Еще не кончился налет,
еще над головой ревело,
и девочка навзрыд ревела,
и люди падали на лед;
и билась подо льдом река,
и оглушенная, кричала;
еще живую заключала
в себе убитая рука.
Был щедро полит кровью клок
от горя жалкой дармовщины,
что дарит слезы и морщины
и отбирает жизни впрок.
Откалывался лед, звеня,
и весь пропитывался красным,
и страх, как зверь подбитый крался,
чтобы за горло взять меня.

* * *

Поголоси на площади сырой,
поголоси, когда замолкнет площадь,
и вопля разбежавшегося росчерк
в ее страницы ветхие зарой!

Поголоси, когда молчат дворцы
и прошлое им видится воочью,
когда спешат усталые торцы
поговорить о наболевшем с ночью.

Быть может, в жизни дан нам только миг,
и в озареньи гибельного мига
под грудами истрепанными книг
откроется НЕВЕДОМАЯ КНИГА.

Той книги никому не прочитать.
Мы все придем к печали и смятенью.
И только ГОЛОС будет причитать,
перекликаясь с мартовской метелью.

Л. Н. Р.

По Невскому хлещет и хлещет.
Ложатся дворцы в зеркала.
Снуют всевозможные вещи.
А воздух — тяжелый и вещий —
закупорил колокола.

Вода набухает, как злоба.
И близится пасмурный час,
когда у свинцового гроба
расщепятся створки, — и в оба
он медленно взглянет на нас.

А нам и вода по колено,
покуда стоит у плеча,
не зная ни качки, ни крена,
веселый кораблик „Измена”
у пристани паралича.

* * *

И куда не уйдешь, этот город останется притчей
во языцех, и выловит и передаст,
как сбежавшего смерда, смердящий усердьем опричник,
полумертвого, в путах, в опутанный ложью приказ.

И куда не уйдешь, умереть не простившись не в силах,
к нежной невской воде припадешь наяву иль в бреду,
ты, один из бессчетных, Россией оставленных сирот,
по-детдомовски молча сносящий хулу и беду.

* * *

Прямо нечем дышать, когда вдруг вспоминаю о доме
среди спеха, и смеха, и страха чужой стороны.
Прямо нечем дышать, прямо нечего вымолвить, кроме:
Пощади меня, Господи, ибо не вем я вины.

Ибо вем я вину, ибо полон виною, как чаша
поминальным вином. Только будет похмелье иным.
Сполох совести вспыхнет — и в отсвете прошлое наше
источится, истлеет и горьким покажется дым.

Дым отечества сладок, как ладан, как ладонка детства
на ладони вселенной, как тополя по полю пух,
как рождение дружбы. От этого некуда деться,
и не только что деться — и вымолвить некому вслух.

По делам — поделом. Удилами до розовой пены
измочалено слово, и слышится сдавленный хрип.
А недавно, ты помнишь, оно еще юное, пело,
погружаясь глаголами в клейкие клапаны лип.

Прямо нечем дышать, когда вдруг вспоминаю о доме
среди спеха, и страха, и смеха чужой стороны.
Прямо нечем дышать, прямо нечего вымолвить, кроме:
Пощади меня, Господи, ибо не вем я вины.

* * *

Мой город снова сер
в накрапах лунной скорби,
громадою осел,
и спину город сгорбил,
и купола втянул
в туман, закрыл приказы;
и многих он втянул
в кровавые проказы;
и фонари согнал
толпою ждать рассвета,
и бросил из окна
безумного поэта;
и леденящий крик
встряхнул, как покрывало,
и был во всем велик,
и ночь все покрывала,
и день не угрожал,
задыбленный в подвале...

и туши горожан
во сне не остывали.

ПЕТЕРБУРГ

М. Ш.

Мой брат по крови —
Храм на Крови.
Но можно ль выжить на крови
без возвышающей любови,
без опаляющей любви?!

когда с навязчивостью мима,
порядка скучные рабы,
неумолимо льются мимо
каналов узкие гробы;

когда на каждом перекрестке,
оцепенело голося,
в белоголовой перехлестке
неумершие голоса;

когда случайным поворотом
судьбы, рождая ворох тем,
под когти лающим воронам
метнется сломанная тень...

И детской выхлопом хлопушки,
себя усердьем раскаля,
раз в сутки слабо ахнет пушка,
и день-деньской — колокола.

И отзвук мрачного разгула,
которому сравнений нет.
И века скорбная фигура,
и в бледных пальцах — пистолет.

110

Льву

Санкт-Питербурхъ закупорит носы,
плеснет чахоткой, выкрутит суставы,
по площадям протащит за власы
и вытряхнет в трактире у заставы.

Немецкой флейтой вышколенный слух,
найдет блаженство в барабанной дроби;
одной ногою находясь во гробе,
другою маршируя, — тешим дух!

Передвижные карцеры карет —
посланцы повседневных равелинов.
Равно для нищих, так и для великих,
исход один — не отомщенных нет.

Подышит итальянец на стекло,
подернутое инеем местами:
— Ужели вьюгу прочертить мостами
необходимо? — Поздно. Истекло

дневных забот томительное время.
Сулит ли ночь покой и забытье?
Глаз не сомкнуть. Проламывает темя
Петрополя чугунное литье.

* * *

Засыпаю. Усталым лицом
погружаюсь в подушку, как в Лету.
Не сквитался я с тем подлецом,
пересуд предпочел пистолету.

Не ответил двуликой молве.
Выходил на подмостки, как будто
шел к тебе по высокой траве
в то, теперь незабвенное утро.

Собираю с трудом по горстям,
отмеряю слезой и щепотью,
то, что некогда щедро гостям
от души, вместе с кровью и плотью.

Повторяю, как давний урок:
— В неизбежности — облик свободы. —
Засыпаю. У стиснутых ног
сонно плещутся невские воды.

* * *

Проснешься и остро
почувствуешь враз —
Васильевский остров
на уровне глаз.
На уровне сердца,
в догадке судьбы
несмелого детства
живые следы.

С дыханием справясь,
шагнешь наугад
в воздушную завязь
чугунных оград,
в звенящую просинь,
в легчайший апрель,
где музыка Росси
чиста, как свирель.

* * *

Петербургская, милая
сторона — как страна —
чтобы в жизни не минуло —
ты чиста и строга;
чтобы в Лету не кануло
и из сердца ушло...
Ты прости меня, Каина,
и шепни на ушко.

* * *

...я люблю тебя платонически —
даже трав твоих не помну.
Позови меня, Ботанический!
Засыпая, глаза сомкну
и качаюсь с тугими кронами
над полночною пустотой.
Опали меня рододендроновой
первозданною чистотой!
Горечь выжгло, суетность — вымело,
маску прочь сорвало с лица.
У любви этой нету имени —
только бьющиеся сердца...

* * *

Осторожно, листопад!
Осторожно!
Листья под и листья над —
спутать можно.

Можно по небу ногой,
можно выше.
Завтра будет лес нагой,
наги крыши.

А пока под звонкий душ
с головою
устремленье сирых душ
над Невою.

О З Е Р К И

Н. Л.

Лесная школа вовсе не в лесу —
десяток сосен на открытом склоне,
и озеро, как будто на весу,
приподнятое, словно на ладони.

Уже поля оберегает март
от прежде срока вспыхнувшей охоты
от сдержанности броситься в азарт,
в захлеб весны, в ее водовороты.

В такие дни невыносим разрыв
во времени, он делает несносным
старинный дар — оплакивать навзрыд
прошедшее, бросаясь в ноги соснам.

Но как же быть, когда неумолим
событий ход, когда он независим.
Мы наши чувства прежде умалим,
опомнимся затем — и вновь возвысим.

Мы повторим молитвенно зарок
всему тому, что было с нами прежде,
благодаря безропотно за рок
былых потерь — оборотясь к надежде.

ПАВЛОВСК

Как Вам стремительно спало́сь!
Как мне самозабвенно спа́лось!
А в снах стоял, как старый лось
в рогах-деревьях, старый Павловск.

Тропинка шла наискосок,
отчеркивая лес от поля,
и била радостно в висок
осенняя сырая воля.

Пространство застилала мгла
и разглядеть черты мешала,
как будто взгляд из-за угла,
когда бы угол был у шара.

Шел незадачливый пролог
к еще не выявленной пьесе,
где должен монолог про лог
сменить сказание о лесе.

И теплых листьев в рот набрав,
глаза восторженные пуча,
актеры гибнущих дубрав
наперебой вопили:

к тучам
вздымались вороха волос
и осыпались, осыпались...

И забывали, как спалось,
когда внезапно просыпались.

* * *

Итальянцы повалят гуртом...
вспухнет небо вуалью метели... —
только все это будет потом,
как накаркали и нагалдели.

Сколько ржа и холера не съест,
сколько выпито будет в палате —
все уляжется прочно в реестр
и предъявлено будет к оплате.

Отчего ж в дураках хитрецы,
мясорубы, и те, — не в почете?
И не только что в воду концы,
но и сами вы с ней утечете.

Не останется даже следа,
ветер волны разгладит рукою,
бессловесно взойдет лебеда
надо мной, над тобой, над Невою.

* * *

Но Карлу Росси некуда спешить.
Чертит рука и неизбежна вечность.
И не успеет снег запорошить
окраины промозглой бесконечность,
как будет лист исчерчен поперек
и вдоль, и вдаль, и вдосталь, а покуда
судьба лишь ждет, а после подберет
и милостиво явит миру чудо.

Но что с того: перекипели щи,
и пересол, как мытарство, несносен.
Как кропотливо красок не ищи —
белым-бела — не осеняет осень.
И ревматизм ломает исподволь.
И боль в затылке, словно дятел, четка.

И, вольная, страшнее всех неволь,
вокруг души чугунная решетка.

* * *

Еще в столице дышится смолой
сосновых бревен. В лихорадке топей
сам император, взнузданный как Ной,
участвует в спасеньи и потопе.

Еще хвала в стихах не воздана,
и бойней тянет от лихих пирушек,
и воз на месте, вроде бы, да на
высоких стенах — восклицанья пушек.

Да подвизался ловкий брадобрей
кромсать по моде бороды и платья,
и помыслы. Обряд рукопожатья
введен в обычай пышных ассамблей.

Еще императрица не вольна
дарить дворцы открыто фаворитам.
И, словно гаммы, всплески по убитым
разучивает невская волна.

*ПАНОРАМА СТОЛИЧНОГО ГОРОДА САНКТ-ПЕТЕРБУРГА,
ВИДЕННАЯ АВТОРОМ С КУПОЛА СОБОРА СВЯТОГО
ИСААКИЯ ВО ВРЕМЕНА ДОСТОПАМЯТНЫЕ*

1.

Был Духов день, и было душно
душе, а сердцу — невтерпеж,
и забывалось равнодушно,
куда, да и зачем идешь...
Нева тяжелыми пластами,
прокатанными добела,
то набережными, то мостами,
то отраженьем — довела
до величавого собора,
собой довольного весьма;
забором от пустого сора
отчеркнутого; как тесьма
легка чугунная ограда
на фоне каменных колонн...
Напоминаю Вам, что он —
хранитель чести Петрограда —

II.
Санкт-Питербурха, синеве
придавшего оттенок славы,
едва ль не больший, чем Неве.
 (Апологеты вечно слабы
пристрастностью, заражены
повальной слепотою, ибо
не в силах за сияньем нимба
увидеть рубище вины).
Простите, Вы удивлены
внезапным поворотом темы
уже решенной теоремы
о неизменности волны?
Но — дело Ваше — Вы вольны
на все смотреть глазами друга
иль недруга и в мире круга
не видеть проблесков войны

III.
давно назревшей. Между тем,
Собор, построенный французом,
в Россию ехавшим под грузом
благих порывов — видно Музам
угодно было так — потел,
как царь в немыслимой одежде,
стоящий на жаре, в надежде
внушить заморскому невежде
понятье о величьи тел
монарших. Вроде бы звенели
колокола, когда с панели
всходили, словно из купели,
на плиты, чистые как мел.
И кто кого глазами ел,
неведомо, и что касалось
души, а что в жаре казалось,

1У.
неведомо. Но дело в том,
что лестницею винтовою
зажатые в полон, судьбою
довольные, между собою
все находили верный тон.
Не потеряйте камертон!
Полупоклоны головою
я утаю, хотя не скрою
случайность взглядов; ни к чему
обязывать я Вас не стану;
Изольда, верная Тристану,
увы, забыта, и в дыму
отечества отныне сладость
слегка прогоркла, и едва
ли могут бедные слова
рассчитывать на Вашу слабость,

У.
ценители. Таков удел
всех тех, кому пристала участь
немотствовать, словами мучась,
и оставаться не у дел.
Всяк ввинчивался как умел:
как оглушительно подошвы
стреляли под ногами, как
вдруг некто пучился, как рак,
и как восторги были пошлы.
Но прекращался счет уже,
когда почти невыносимо,
и на последнем вираже,
как разноцветное драже,
людей на кровлю выносило,
и открывался город. Вам
довериться придется снам,

У1.
забыв, что знанье — это сила.
Вот так охвачен был Петром
единым взглядом с мачты бота
и вылеплен в уме, забота
строителя пришла потом.
Здесь каждой жилкой на руке,
родной до умопомраченья,
ложатся страсти по реке,
слова воды, воды реченья.
В славянском языке значенья
тех слов утрачены почти.
Замри, давясь порывом ветра,
упругий гений геометра
святым молчанием почти!
Прочти беззвучную молитву,
дай клятву верности. Ужель

УII.
достойней Воробьевы горы,
запомнившие прежде: ель,
двух юношей, березу, споры...,
восторженности нашей. Шпиль
Адмиралтейства так же вечен,
далек все так же века вечер,
и так же поднимает ветер
со шпиля золотую пыль;
и так же проступает остов,
в котором вечен Васин остров —
о, плавность линий, — на века —
в котором вставлены, как в рамы
реки: дворцы, надежды, храмы,
сады, проспекты (где же дамы?),
и над простором панорамы
воздета ангела рука,

УIII.
вон там, направо. А пока
научатся глаза в ландшафты
архитектуры, словно в шахты
спускаться, так из устья яхты
выводит на простор река;
я развлеку Вас небылицей,
вполне уместной над столицей
оставленной, где память птицей
тревожит сердце моряка.
Голландцы, немцы, итальянцы,
бим-бром-бам стеньги, румбы, шканцы,
форштевни, ванты, гюйсы, ростры,
бушприты, утлегари, монстры
в спирту — клокочут словари
от черезмерного вливанья
иноплеменного влиянья,

1Х.
культура инопониманья
прекрасна, что ни говори?
В окно, пробитое на пробу,
обозревали всю Европу,
встревоженную, корабли —
уже не челны и не струги —
на стапелях стояли, слухи
как стружки множились, а слуги
учились бойко, как могли.
И остров Заячий оплотом
Петра и Павла над компотом
труда, разгула, анекдотом
нешуточным, над поворотом
истории, стоял в пыли...
Был воздух времени так круто
посолен; заполночь каюта

X.
на ботике Петра, уюта
не знавшая, опять полна
народом: это цвет столицы
зело не трезвый... Что за лицы!
Я вижу, как ты рад, Голицын,
обилью пищи и вина.
В чаду не различить фамилий:
вот этот Сашка, тот — как филин
угрюмый генерал, вчера
гонял потешные колонны,
а нынче — вышел в Аполлоны.
Но поздно... Вспомнить нам пора
посланника голландцев — Юса,
что празднует на мачте труса,
бежавший русского искуса
запоем пить, под топора

X1.
усердный взмах и отлетанье
голов кудрявых. Что за тайна
долготерпения при крайне
жестоких мерах? Под кнутом
Россия пашет, пляшет, строит
столицы, верфи, с песней роет
себе могилы, но утроит
свое могущество при том.
А Юс, свернувшийся котом,
следит зеленоватым глазом,
как император, верхолазам
дав сто очков, вращая тазом
ползет по вантам; и стакан,
наполненный, в зубах, как линза,
их увеличивает. Близко
лицо страдальца, василиска,

XII.

шута горохового. Иска
не примет медный истукан!
В галантерейные уста,
обнявши, словно стан молодки,
любезную для скифской глотки
луженой, откровенье водки
вливает Петр неспроста.
Полезна всякая наука!
Дерзающему, исполать!
В воспоминаниях у внука
рассказано, что на кровать
добрался Юс — так из притонов
приходят моряки — лишь в пять...
Да, ,,может собственных Платонов,
и быстрых разумом Невтонов
Российская земля рождать!''

XIII.

Вы так устали, Вам впервой
смотреть на город с теплой туши
собора, затыкая уши,
и слышать монотонный вой
воды и ветра, и глаза
Вам режет отраженным солнцем,
и город, вывернутый донцем,
не говорит Вам ни аза.
Здесь все не сразу, здесь искус
необходим, здесь все любовью
заражено, здесь пахнет кровью
нешуточной, и к изголовью
садов приходят дети Муз, —
нерасторжимы нити уз, —
и воды плачут песню вдовью!
Но я сказать Вам не берусь

Х1У.
где отыскать истоки страсти,
меня очистившей, во власти
моей ли этот вечный груз?
Смотрите, тени у колонн
Конногвардейского манежа
уже бледнеют, солнце реже
проскальзывает в зелень крон,
окраска изменяет тон;
из Александровского сада,
как мысли вечная струя,
фонтан взмывает вверх, и я,
следя за ним, сбиваюсь с лада...
И вдруг — сшибая наяву
флагштоки, купола и шпили,
сметая птиц, как клочья пыли, —
садится солнце на Неву!

ХУ.
Запомните навек, Вы были
свидетелями красоты,
достойной кисти Тинторетто.
Поэзия давно все это
переварила, и на ты —
с тех пор запряженная цугом —
беседует легко, как с другом,
с растреллевской полуокругой,
полузатопленной в сады.
И не было б большой беды,
когда бы не вода с залива,
стеной встающая и слива
не знающая, и когда
не разоряло б дивный город,
в коловращеньи разговоров,
кровопускание раздоров,

ХУ1.
слепых, как вешняя вода.
Как Росси, знавший города
иные, пребывал во власти,
испепелявшей душу страсти
построить город не во власти
времен и нравов, вопреки
установившимся канонам:
такой, чтоб колокольным звоном
омытый, как леса азоном,
он плыл по берегам реки;
чтоб, отраженные, вдвойне
прекрасные, литым узором
украшенные, нашим взорам
дворцы являлись под призором
воды, — так хочется и мне,
забыв бестактную веселость,

ХУII.
понять, как росчерком души
придавший камню невесомость,
художник зреет, как в тиши
переливаются в эскизы
карнизы, купола, капризы,
фронтоны, портики — репризы —
и крошатся карандаши!
Бессмертные со всех сторон,
в одной, сравнявшей их шеренге:
Трезини, Делямот, Кваренги,
Лукини, Стасов, Камерон,
Захаров, Воронихин, Фельтен,
Ринальди, Старов, Штакеншнейдер,
Кокорин, Монферран, Томон;
и рядом у крутого спуска
к Неве, где плещется волна, —

ХУІІІ.
Чевакинский, Баженов, Руска,
Растрелли, Росси и Бренна...
Густеет вечер, гордый вид
смягчен, словно рисунок мелом,
и над простором, очумелым
от солнца, ночь с покровом белым,
как мать над распростертым телом
ребенка спящего, стоит...
Когда уходят в полуночь
полупрозрачные громады,
мосты, каналы и ограды,
когда ничто уже помочь
душе измученной не может,
когда тоска совсем изгложет,
и память устремится прочь;
когда становится непрочен

Х1Х.
и полупризрачен покой,
приди сюда и БЕЛОЙ НОЧИ,
как другу, сердце приоткрой.
Друзья мои, какой порок
в себе, неистребимо, носим,
когда бестрепетно уносим
о доме память за порог?!
Ужели так сулил нам Рок,
пожизненно приговоренным
к любви, до капли растворенным
в любви, и кто подумать мог,
что это вовсе неслучайно
произошло, что этот срок
дарован нам, как испытанье
на верность... Не раскрыта тайна,
и тайну эту знает Бог.

XX.
Я убегаю. Со всех ног
скольжу по гололеду темы,
как по торцам, не зная, где мы;
насквозь пронизывает ток
воспоминаний, подменяя
реальность вымыслом, опять,
как воды сушу, подминая,
круша, ломая, поднимая
и поворачивая вспять.
Уже, должно быть, скоро пять.
Восходит утро. Вот-вот канет
ночь в никуда. Вода, веками
с рассветной споря синевой,
бессонная, стучит о камень.

Мосты с воздетыми руками
оцепенели над Невой!

1.

Как на резине, меж иных — паря,
катила золоченая коляска.
Трезор Трезини лаял на царя,
и лик кошачий заливала краска.

Какой поклон отвесить праотцам,
чтобы завыла вещая Расея
по лихо обезглавленным стрельцам,
по иноческой стати Алексея?!

Как на резине, меж иных — паря,
катила золоченая коляска...
И ярости раздувшаяся маска
закрыла лик взбешенного царя.

7.

Когда покинув Камерун,
в дорогу Камерон пустился,
он, как положено, постился,
хотя читал Декамерон.

Россия криками ворон
встречала нашего героя.
Он так страдал от геморроя,
что тотчас же хотел бы вон.

Но дальний колокольный звон
коснулся трепетного уха.
Со дна души на крыльях духа
какие мысли поднял он!

И Камерон решил: паду-с
к ногам великия царицы,
и среди прочая вещицы
построю для нея Пандус.

* * *

Как страхи со стрехи
летучими мышами,
шурша карандашами,
зашикают стихи.

Полночная пора —
удушливо и парно —
рифмуется попарно
с „не пуха — не пера".

Чтоб к третьим петухам
с глазницами пустыми
в безмолвии пустыни
лечь под ноги стихам.

* * *

Я живу на Шестом Углу,
Я сижу на худом полу,
а под полом скребется мышь:
что ты перышком все скрипишь?
отчего не настроил дач
из кирпичиков неудач?

Ты мерцаешь в холодной мгле
белой свечечкой на столе.
Оплываешь ты — оплывешь.
Как работаешь, как живешь,
как буравит больной висок
горя голенький голосок?

Я живу на Шестом Углу.
Я сижу на худом полу.
Вписан в стену квадрат стекла.
Ночь уже по стеклу стекла.
И восходят твои глаза,
словно древние образа.

* * *

Пока я мыслящий тростник
и Бог — души моей советник,
читаю жизни несусветник
и строю скит.

Лицом повернутый в себя,
я к миру — вычурность изнанки.
Реальность выкроив из нанки,
я ею скрыт.

Верша дела перед судом,
я не винюсь, не отпираюсь.
И дуновенью отпираюсь.
Входите в дом!

ПРЕДЗИМНЕЕ ПОСЛАНИЕ ДРУЗЬЯМ

В. Г.

Мрачнел ноябрь. Эпистолярный жанр
не возрождался. Землю покрывала
вуаль дождей. А жанру — нужен жар
и за окном льняные покрывала.
Но выждан срок. Недвижимый почти,
нисходит снег широкими кругами.
Теперь — пиши, и творчеством почти
просторы, оплетенные снегами.
Не торопясь, размеренно, скрипя
пером по насту спелого пространства;
помарками, пометками скрепя,
что думалось свободно и пристрастно.
Начав письмо, как водится, с родни,
стремись в случайность перевоплощенья.
Лишь дару ясновиденья сродни
быть должен дар свободы обращенья.

— Любезные друзья! как ни далек
и как ни смутен мой усталый голос,
от раза к разу разум недалек
все более, а сердце — раскололось;
и безоглядность прежняя уже
побеждена стремительным рассудком;
душа, как эта осень, в неглиже,
и отдана на поруганье суткам;
но так свежа неповторимость дней:
восторгов, слез, свершений и рождений,
раскатов грома и нагромождений,
что можно ли не говорить о ней?!

—Я повторяю: ВЕРНОСТЬ — не раба —
владычица, скорее, изуверка.
Такая, прядь убравшая со лба,
не Вера-Верочка колдует — Верка.
Такой не скажешь: подожди, пока
тоска по лику твоему изгложет. —
Как невралгия, выломит бока,
низложит душу, помыслы стреножит,
прочешет плетью на корявых пнях,
оцепенит, как перед ледоставом...

Настоенным на травах и камнях,
Карелия, дышу твоим составом!

* * *

Как водится, время затянет
снегами саднящий пожар.
И реквием вьюга затянет,
и сменится светом Стожар.

Как водится, времени жернов
сотрет и хвалу и хулу,
и лягут убийцы и жертвы
полночным лучом на полу.

Проступят за лицами лица,
глаза напряженьем слезя.
И то будет мучать и длиться,
что по утру вспомнить нельзя.

Италия

И взгляд куда ни кинь,
куда не обернись —
латунная латынь
победоносно ввысь!

Ей мало и семи
холмов, семи чудес
для этакой семьи
торжественных словес.

Ей Данта нужен пыл,
Савонаролы страсть,
чтоб жар ее оплыл,
чтоб изменилась масть,

чтобы Петрарка вдруг,
играя словом, смог
замкнуть, как руки в круг,
свой италийский слог!

1.
Мы входим в Рим вослед за Дю Беле.
Мы ищем Рим под вязким слоем грима.
Гремя трамваем Колизея мимо,
столетие летит на помеле.
Объедки на неприбранном столе
напоминают маленьких голландцев.
Кампанией случайных иностранцев
передвигаемся — пола к поле.

II.
Нам заглянуть, конечно, недосуг
в самих себя, по сторонам глазея.
Здесь Колизей из Русского музея
и в никуда ведущий виадук...
Так почему ж не постараться сук
опять подрезать. Опыт ведь — не шутка,
хотя вне стен все поначалу жутко.
Но что не сходит, как припомнишь, с рук.

III.
Но Рим видал почище удальцов,
что трын-травой кормили иноходцев,
вино хлебали прямо из колодцев,
но не сумели отыскать концов.
И обратившись к опыту отцов,
мы видим вдруг, как безупречно наги
под солнцем Рима. И небесной влаги
кто припасет для мнимых мудрецов?!

* * *

Из третьего мнимого Рима,
до первого — короток путь.
История — вся обозрима,
лишь стоит лицо повернуть.
И здесь, как нигде, очевидна
тщеславия злая тщета
под линзою миндалевидной
прибитого косо щита.

* * *

* * *

Вот так: слепя глаза
несчастьями твоими,
меня застигнет в Риме
осенняя гроза.

Когда уже вполне бы
пора снести тот гнет,
она вздохнет в полнеба,
в полжизни полыхнет

Что только не осветит:
и озеро внизу,
тугие сосны, ветер
и прошлую грозу...

Все свяжет воедино,
войдет и в кровь и в плоть,
и отчужденья льдину
сумеет побороть.

Ивановым

У Вашей души отогреюсь.
И ходу судьбы в унисон,
почувствую горькую прелесть
чужбины, случайной как сон.

Мне станут по-новому близки
из ваших волнующих слов
недремлющие обелиски
семи изначальных холмов.

Я чутко поверю, что завтра,
под садом журчливым, в тиши,
откроется вновь Виа Сакра
поэзии, прозы, души.

Твой дар неоспорим,
тогда как мой — случаен.
Как ты необычаен,
обыкновенный Рим!

На чувствах мы горим,
а жизнь без них — отрава.
О чем печалюсь, право,
когда пред очи — Рим.

Когда, богохраним,
я у его порога.
Как все, моя дорога,
пришла, петляя, в Рим.

Ужели это грим
столетий так упрочен,
что рассосредоточен
и целен вечный Рим.

СОДЕРЖАНИЕ